NOTICE BIOGRAPHIQUE

SUR

M. LE BARON

PAVÉE DE VENDEUVRE

ANCIEN PAIR DE FRANCE

PAR

M. THÉOPHILE BOUTIOT

Vice-Président de la Société Académique de l'Aube

TROYES

IMPRIMERIE ET LITHOGRAPHIE DUFOUR-BOUQUOT

Rue Notre-Dame, 43 et 41

—

1873

NOTICE BIOGRAPHIQUE

SUR

M. LE BARON PAVÉE DE VENDEUVRE

ANCIEN PAIR DE FRANCE

——◦◦◦——

MESSIEURS,

Je viens vous entretenir de la vie d'un homme qui, après avoir vécu d'une longue vie, après avoir jeté de l'éclat dans notre contrée, après avoir occupé une place considérable dans le monde politique, s'est éteint parmi nous, sans bruit, en raison de la retraite dans laquelle il vivait depuis une vingtaine d'années, en raison des événements graves qui s'accomplissaient au moment de sa mort. Je viens vous entretenir de M. Guillaume Pavée, baron de Vendeuvre, ancien député de l'Aube, ancien pair de France, membre associé de notre Compagnie depuis 1821, mort le 15 décembre 1870, dans sa 92ᵉ année, rue des Quinze-Vingts, nᵒ 14, alors que notre ville était occupée par les Prussiens.

Vous entretenir de M. le baron de Vendeuvre, c'est, pour ainsi dire, s'occuper d'histoire ancienne, en raison de l'époque à laquelle il appartient, de l'époque où son nom figure parmi ceux qui occupaient une des premières places dans les affaires politiques. Les idées se succèdent si vite au XIX⁰ siècle, les faits se précipitent avec tant de rapidité que, rappeler les événements de la Restauration et ceux du Gouvernement de Juillet, c'est s'occuper d'événements d'un autre âge. Rappeler les doctrines sociales de ces deux parties de notre siècle, n'est-ce pas faire de l'histoire anté-contemporaine? Et pourtant il faut remonter à ces temps déjà éloignés pour rappeler, — et ils méritent d'être rappelés, — les actes auxquels M. de Vendeuvre a pris une large part pendant sa longue carrière. Si nous n'avions à regretter des pertes cruelles et récentes, j'aurais eu la satisfaction de rappeler ces souvenirs à des témoins de ces faits; mais les années 1870 et 1871, malheureuses pour tous, ont été désastreuses pour nous.

I.

M. Guillaume Pavée de Vendeuvre naquit à Paris, rue Saint-Honoré, paroisse Saint-Roch, le 5 mars 1770. Il était fils de M. Jean-Baptiste-Gabriel Pavée, seigneur de Vendeuvre, et de Mme Elisabeth Langlois. Il eut pour sœur Mlle Marie-Félicité, qui épousa son cousin germain M. Félix Le Chanoine, comte du Manoir, tué glorieusement à Waterloo, chef d'escadron des lanciers de la garde.

M. de Vendeuvre épousa, en 1806, Mlle Alexandrine Dassy, qui mourut en 1852. De ce mariage sont nés :

1° M. Guillaume-Gustave-Gabriel, qui fut représentant de l'Aube à l'Assemblée législative, en 1849, marié à Mlle Angéline Duboscq;

2° Mlle Adrienne, mariée en juin 1830, à M. Paul Bourlon d'Haironville; celui-ci décédé en septembre 1860.

II.

Les terres de Vendeuvre et de la Villeneuve, anciens domaines des familles de Bouthillier de Chavigny, de Mesgrigny, de Montmorency-Luxembourg, d'Amboise, etc., furent achetées par M. Jean-Baptiste-Gabriel Pavée, seigneur de Chaiseau, Provenchères, etc., le 17 mai 1752, de Claude-Léon de Bouthillier de Chavigny, qui tenait ces domaines de la succession de sa mère, Louise-Françoise de Mesgrigny, héritière de son frère Charles-Hubert, mort en 1732, dernier représentant de la branche de Mesgrigny, de la Villeneuve et de Vendeuvre.

III.

M. Jean-Baptiste-Gabriel Pavée de Vendeuvre fut, au titre de grand propriétaire, créé baron de l'Empire. Homme instruit, aimant la littérature et les arts, faisant des vers gracieux, les lisant avec le plus grand goût, il a laissé des souvenirs dans les recueils de la première Société académique de l'Aube, où l'on trouve : l'*Eloge de Pierre Mignard* et celui du vénérable évêque, Mgr de Noë ; des traductions en vers du xxe chant de *La Jérusalem délivrée* et de *Diane et Endymion,* épisode de la *Secchia rapita.* En 1812, il publia une *Notice historique sur un bourg de Champagne* (Vendeuvre), dans laquelle il soutient, avec la plus juste raison, que Vendeuvre n'a point été fondé par les Vandales, comme l'indique le poète latin Nicolas Bourbon, en traduisant : *Vendeuvre,* par *Vandalorum opus.*

Si ce n'est pas à M. Jean-Baptiste-Gabriel Pavée de Vendeuvre, baron de l'Empire, que sa famille doit la possession d'une magnifique et nombreuse bibliothèque, dont la composition en ouvrages d'histoire et de littérature, en belles et rares éditions, est une des plus pures et des plus remarquables, sa famille lui doit au moins en partie la réunion d'une des collections particulières les plus importantes du département, si ce n'est la plus considérable. Nous savons tous que ce dépôt est aujourd'hui possédé par celui des membres de cette famille, qui a le plus fait pour en augmenter la valeur.

La distinction et la dignité naturelle, l'amour de la littérature et des arts libéraux appartiennent à tous les membres de la famille Pavée de Vendeuvre.

Elevé par son père, ami de la littérature et des beaux-arts, M. Guillaume de Vendeuvre recueillit avec fruit les bienfaits d'une éducation et d'une instruction libérales. Comme lui, il établit ses relations avec les hommes intelligents et instruits, pour les douces et agréables occupations qu'elles procurent. Mais l'époque à laquelle il appartient était sérieuse et grave ; les hautes études étaient en honneur, et les hommes intelligents aimaient et recherchaient la vie publique, la politique. Cette direction des idées agit sur l'esprit de M. de Vendeuvre, qui, jeune encore, s'occupa de haute administration et bientôt de politique. Vers l'âge de trente ans, il fit partie du Conseil d'Etat. Il abandonna cette carrière avant la chute de l'Empire, la reprit sous la Restauration avec la qualité de maître des requêtes, puis la quitta de nouveau, vers 1821, par suite de disgrâce, dit-on. L'indépendance de caractère de M. le baron de Vendeuvre ne lui permettait pas, selon nous, de se soumettre à la règle souvent imposée aux membres de l'administration.

En 1819, il fut nommé par le roi membre du Conseil général pour le canton de Vendeuvre. En 1820, la circonscription électorale de Bar-sur-Aube le portait à la Chambre des députés, lui, troisième de notre département. Combattu en 1824, par le Pouvoir, comme candidat libéral, il fut remplacé à la Chambre par M. Vandeuvre-Basile, magistrat, candidat royaliste. Mais il fut réélu en 1827, avec MM. de la Briffe et Casimir Perier père, tous trois candidats libéraux. En 1830, il fut de nouveau choisi par les électeurs du même collége, tandis que M. Casimir Perier l'était par celui de Troyes. Il prit une part active aux événements de 1830. Réélu député en 1831 et en 1834, le 4 octobre 1837, il fut nommé pair de France par le roi Louis-Philippe, et, en 1840, fait officier de la Légion-d'Honneur; il était chevalier depuis mars 1834. Les événements de 1848 lui firent abandonner la politique. Il fut aussi aide-de-camp du général Baraguey-d'Hilliers, avec le grade de sous-lieutenant de hussards.

En dehors de la politique, M. de Vendeuvre, appliquant les idées sociales de l'école libérale qui dominait vers 1820, se livra aux travaux de l'agriculture et même de l'industrie; il mit en usage les procédés nouveaux à cette époque.

L'un des apanages de la famille de Vendeuvre, c'est de croire à la force et à la valeur de l'intelligence, de protéger et favoriser l'instruction, la littérature et les arts.

C'est donc comme homme politique, comme agriculteur et agronome, et comme ami des beaux-arts et de l'instruction, que je désire vous entretenir de M. le baron de Vendeuvre.

IV.

M. Guillaume Pavée de Vendeuvre, auditeur au Conseil d'Etat, remplit pendant quelques mois, en 1813, une mission administrative dans la ville de Marseille. Mais bientôt après il abandonna ces fonctions. En 1814, à sa nomination de maître des requêtes, il est qualifié d'ancien auditeur au Conseil d'Etat. Il conserva ces nouvelles fonctions jusqu'en 1821.

En 1819, il entra au Conseil général de l'Aube, où,

après 1830, des élections successives le maintinrent jusqu'au jour où il fut remplacé par son fils, en 1840.

Aux élections de 1820, le collége de Bar-sur-Aube le porta à la députation comme candidat libéral. En effet, il faisait partie du groupe de députés qui marchait avec MM. Benjamin Constant, le général Foy, Royer-Collard, Eusèbe Salverte, etc.

Dans la discussion sur les circonscriptions électorales, session de 1821, M. de Vendeuvre, le 26 février, se plaint à la Chambre de ce que le département de l'Aube n'a que trois députés à élire, tandis que ceux de la Haute-Marne, du Cher, de la Nièvre et de Tarn-et-Garonne, moins riches et moins populeux, sont représentés par quatre députés.

Un passage de son discours amena une violente interruption de la droite. M. de Vendeuvre avait dit : « La » première condition des élections, c'est l'indépendance » des votes. Elle est proclamée dans toutes les lois, pro- » mise dans tous les actes ostensibles du ministère ; ce sont » les premières paroles de la proclamation émanée du » trône. » Soutenu par le général Foy dans cette discussion, il le fut surtout par M. le comte Beugnot, député de la Seine-Inférieure, et par M. Méchin, député de l'Aisne, tous deux originaires du département et qui, par ce motif, appuyèrent les assertions de l'honorable député de l'Aube.

M. de Vendeuvre demandait, pour le département, quatre députés. Son amendement fut rejeté.

A la séance du 22 janvier 1822, il prit la parole dans la discussion si vive de la loi sur la répression des délits commis par la voie de la presse. Il soutint avec énergie que ces délits de l'opinion publique relèvent non de la justice ordinaire du pays, mais du jury seulement, organe du sentiment national. L'orateur, dans cette mémorable discussion et dans un discours bien pensé et bien dit, s'exprimait ainsi :

« Trois lois étaient chères à la France ; elles avaient été

» reçues avec reconnaissance, parce qu'elles avaient été
» données avec franchise ; elle les considérait comme
» le complément de la charte, parce qu'elles étaient con-
» formes à son esprit, parce qu'elles étaient destinées à lui
» donner la vie. Le gouvernement, qui en avait pris l'ho-
» norable initiative, ne refusait pas alors l'épithète de cons-
» titutionnel, et alors aussi la nation, qui a un sentiment
» si juste de ses véritables intérêts, qui reconnaît si bien ses
» amis, le secondait de son assentiment et de ses vœux. »

L'orateur regrettait pour le gouvernement de Louis XVIII
la marche rétrograde qu'il suivait. Il aurait voulu, tout au
moins, l'application des principes exposés dans la charte et
non point un retour vers un passé dont la France ne voulait
plus. Il termina son discours en citant l'exemple de l'Es-
pagne ; exemple qui, quelques années après, était suivi en
France.

« Pendant plusieurs années, dit-il, nous avons entendu
» vanter le système politique d'un gouvernement voisin ; on
» n'a cessé de citer en exemple à la France ce qui se pas-
» sait au-delà des Pyrénées. On offrait pour modèle ce
» qu'on appelait la fermeté de Ferdinand. Qu'en est-il
» arrivé ? Un peuple longtemps opprimé a couru aux
» armes ; il a eu recours à la force pour combattre la tyran-
» nie. Puisse ce grand exemple n'être pas perdu ; puissent
» enfin ceux qui se sont chargés des destinées de la France,
» sentir que fermer toute issue à sa plainte, détruire tout
» moyen légal d'amélioration et de changement, c'est ou-
» vrir l'effrayante carrière de la révolte et de la sédition,
» c'est forcer les peuples à y entrer. Je vote contre le projet
» de loi. »

Ce discours attira de violents murmures de la droite. Il
fut suivi d'une longue et vive agitation dans la Chambre (1).

---

(1) MONITEUR. Séance du 22 janvier 1822, p. 92.

Dans la même séance, M. Royer-Collard établit que la liberté de la presse était devenue, en France, une institution politique et une nécessité de l'état social.

Les prévisions exposées par l'honorable député de l'Aube devaient se réaliser. La machine de compression éclata en 1830, précisément à l'occasion d'ordonnances sur la presse.

Dans la même session de 1822, M. de Vendeuvre prit la parole dans le même sens que M. de Saint-Aulaire, à l'occasion d'une pétition relative à l'application de la loi sur l'expropriation pour cause d'utilité publique, violée, suivant eux, par l'administration municipale de Paris (1).

Le 21 mars, dans la discussion du budget, chapitre *De l'agriculture et des haras*, M. de Vendeuvre combattit l'organisation des haras, qui appartenait aux premières années de l'Empire. Napoléon avait créé vingt-deux dépôts d'étalons. L'orateur fit l'historique de l'institution, et soutint qu'elle n'avait pour but que d'augmenter le nombre des agents du pouvoir. Il considéra l'organisation des haras comme préjudiciable à l'industrie agricole et occasionnant des dépenses sans profit pour l'Etat. Ce discours fut tellement goûté que la Chambre en ordonna l'impression.

En 1824, M. de Vendeuvre se représenta aux électeurs de l'arrondissement de Bar-sur-Aube, en concurrence avec M. Vandeuvre-Bazile, magistrat du parquet, candidat royaliste présidant le collége. Mais le collègue et l'ami de MM. Foy, Benjamin Constant, Royer-Collard, etc., devait échouer en présence d'une candidature patronnée par le gouvernement.

En 1827, nouvelles élections, dans lesquelles M. de Vendeuvre eut un plein succès. Les événements avaient marché. Les prédictions de 1822 commençaient à faire

____

(1) Moniteur. Séance du 11 mars 1822, p. 380.

pressentir vivement que l'opinion publique ne marchait plus avec l'administration, et, si M. le comte de la Briffe fut élu député au collége départemental, M. Casimir Perier, député sortant, au premier arrondissement électoral, celui de Troyes, M. de Vendeuvre, recevait ses pouvoirs du second arrondissement, celui de Bar-sur-Aube.

Les trois députés de l'Aube furent admis à la Chambre sans observation, à la séance du 8 février 1828.

A la session de 1829, M. de Vendeuvre fit partie de la Commission chargée de l'examen du projet de loi relatif aux droits sur les boissons et aux octrois.

Rapporteur de la Commission chargée de l'examen d'une loi, de tout temps, fort impopulaire, il termine son travail par ces phrases :

« Pour nous, en rappelant à nos concitoyens le devoir de
» l'obéissance aux lois, nous ne saurions trop leur répéter
» que tant qu'elles existent, elles ont droit à leur soumis-
» sion : secouer leur joug, c'est la dissolution, c'est l'anéan-
» tissement de l'ordre social.

» Le recouvrement régulier de l'impôt est la source du
» revenu public et par suite la seule base du crédit. Du
» jour où une partie de la population se refuserait à le
» payer, tout serait mis en question et nous verrions l'anar-
» chie succéder à l'ordre et le trouble à la tranquillité. »

Ceci est à l'adresse des contribuables. Voici ce qu'il dit aux ministres :

» Mais, d'une autre part, nous devons aussi dire aux mi-
» nistres que pour offrir aux nations fatiguées un véritable et
» efficace secours, il n'est qu'une seule voie, c'est celle des
» économies, c'est dans celle-là qu'il faut entrer; c'est elle
» qui fait chérir les princes qui les prescrivent, et qui as-
» sure aux nations un long et heureux avenir. Espérons
» que ceux qui nous administrent aujourd'hui continueront
» à en faire l'application. »

Les quelques citations qui précèdent résument la conduite politique de M. de Vendeuvre, comme elles résument le programme du parti libéral sous la Restauration : Liberté sage, la presse soumise, dans ses écarts, à l'appréciation du pays par la voie du jury ; économie dans l'administration des finances. Ce programme, qui de nous ne l'accepterait pas ? Il devrait être de tous les temps, il devrait servir de règle à tous les gouvernements, et c'est pour ne pas l'avoir mis en pratique que nous avons subi les catastrophes dont nous souffrons depuis plus d'un an déjà. Alors ce programme ne pouvait être plus étendu. Les idées républicaines n'avaient pas encore revu le jour. L'Empire et la Restauration n'ont point eu à combattre ces idées ou les ont rapidement étouffées, et le parti libéral se bornait alors à donner des conseils au roi et à ses ministres. Si quelquefois il obligeait le roi à changer ceux-ci, il n'allait pas jusqu'à provoquer la chute du monarque. Mais les idées marchent, l'opinion publique s'émeut, le mécontentement augmente, presque chaque jour, de part et d'autre, l'opposition a grandi avec la Chambre de 1827. Le gouvernement s'en éloigne de plus en plus. Il juge nécessaire de dissoudre cette assemblée, et, en juillet 1830, la France est appelée à dire son opinion en procédant à de nouvelles élections.

Le département renvoie à la Chambre son ancienne députation, MM. de la Briffe, Casimir Perier et de Vendeuvre (1). La ligne politique suivie par eux, en 1827, a donc été approuvée par le pays.

Aux élections, l'orage menaçait ; après, il grondait. Le départ de M. de Vendeuvre pour Paris se fit avec la plus grande appréhension. On pressentit que les élections faites en opposition avec le gouvernement seraient suivies d'événements graves. Les ordonnances de juillet n'avaient pas encore paru, mais la France était anxieuse. Celles du 25 virent le jour, et l'explosion ne se fit pas attendre. Les dé-

---

(1) MONITEUR, 14 juillet 1830, p. 770.

putés présents à Paris, et M. de Vendeuvre était du nombre, se réunissent et, dans une séance extraordinaire, le 31, ils rédigent une proclamation, restée célèbre ; ils annoncent à la France qu'ils ont offert la lieutenance générale du royaume au duc d'Orléans. M. de Vendeuvre signe cette proclamation (1).

La vérification des pouvoirs eut lieu le 4 août. Les trois députés de l'Aube furent admis sans observation. A la constitution du bureau de la Chambre, M. de Vendeuvre fut élu le deuxième des quatre secrétaires.

M. Casimir Perier fut nommé président de la Chambre par le lieutenant-général du royaume, et M. de Vendeuvre, le 6 août, fut choisi pour l'un des commissaires chargés de la rédaction de l'adresse à présenter au duc d'Orléans. M. Casimir Perier signa, en qualité de président de la Chambre, et M. de Vendeuvre comme secrétaire (2).

Dans le cours de cette session, M. de Vendeuvre prit une part très-active aux travaux de la Chambre, et le roi, ayant formé une commission spéciale pour procéder à l'examen des impôts assis sur les boissons, l'y nomma, avec MM. d'Argout, Humann, Rambuteau, Thiers, etc.

Des élections nouvelles eurent lieu en 1831. M. de Vendeuvre retourna à la Chambre de même qu'en 1834, comme candidat constitutionnel.

Il fit partie, en 1831, de la commission chargée d'examiner le projet de loi relatif à la révision des listes électorales et du jury et de celle des lois de finances. Il prit part, en 1837, à la discussion sur l'amélioration des rivières, qui fut suivie d'une première allocation, appliquée à la reprise des travaux du canal de la Haute-Seine.

---

(1) MONITEUR, 1830, p. 838.

(2) MONITEUR, 10 août 1830, p. 877 et 878. — Un tableau, exposé au Musée de Versailles, représente la remise de cette déclaration au duc d'Orléans, le 9 août. M. de Vendeuvre y est représenté.

Après avoir appliqué au Conseil général et à la Chambre des députés les solides connaissances acquises par douze années de participation aux travaux du Conseil d'Etat, après cinq législatures, après avoir pris part pendant plus de 20 ans aux travaux du Conseil général de l'Aube, qu'il présida souvent, après avoir été créé chevalier, puis officier de la Légion-d'Honneur par le roi Louis-Philippe, il fut appelé, le 4 octobre 1837, à siéger à la Chambre des pairs. Peu de membres avaient plus de titres à cette dignité.

En 1840, M. de Vendeuvre ne fit plus partie du Conseil général ; son fils l'y remplaça, et les électeurs reportèrent sur celui-ci les voix que pendant longtemps ils avaient données à son père.

M. de Vendeuvre fut fidèle à la ligne politique qu'il avait choisie, étant jeune encore. Libéral avec Benjamin Constant, avec le général Foy, avec Casimir Perier, il suivit cette voie sous la Restauration, comme sous le règne de Louis-Philippe. Depuis 1830, il resta constamment attaché à la politique du roi de son choix et avec lequel s'étaient établies des relations déjà anciennes. En 1848, M. de Vendeuvre abandonna les affaires publiques, quoique son âge, la vigueur de son esprit, sa force physique lui eussent encore permis de prendre part aux affaires du pays. Comme M. Guizot, dont il avait soutenu les idées et la conduite pendant son ministère, il assista, avec attention et dignité, au mouvement des esprits, en gémissant sur les excès des partis. En politique, M. de Vendeuvre évitait les résolutions extrêmes, il appréciait avec indulgence les actes de ses adversaires.

A partir de 1848, il vécut dans sa famille, entouré de quelques amis, restés fidèles à sa retraite. On aimait à jouir de sa conversation, toujours aimable, spirituelle, souvent piquante ; il aimait le monde, la société choisie. Portant avec lui une grande distinction naturelle, il commandait le respect, que l'on était heureux de lui rendre.

V.

Suivant le mouvement de son époque, M. de Vendeuvre se fit agriculteur, même industriel. Possesseur de vastes domaines, il créa une exploitation agricole importante autour de lui. Il la dirigea pendant un long laps de temps. Il y introduisit les améliorations préconisées alors ; les instruments perfectionnés y étaient mis en œuvre. Les engrais industriels y prenaient place avec les fumiers de la ferme, où il entretenait des troupeaux importants ; ceux-ci se faisaient remarquer par les mérinos et les croisés-mérinos qui les formaient. En cette partie importante de son exploitation, il marchait à côté de M. de Jessaint, dont la propriété de Beaulieu, proche voisine de la sienne, était un centre de production, répandant ses magnifiques élèves dans le département et dans les départements voisins.

Membre associé de la Société d'Agriculture de l'Aube, il présenta à son examen, en 1823, un semoir et un hache-paille, qui furent l'objet d'un rapport favorable consigné dans nos Mémoires.

Il fonda à Spoy une verrerie dont l'existence fut d'une vingtaine d'années. Vers la même époque, c'est-à-dire vers 1824, il créa à Vendeuvre une faïencerie qui subsiste encore, grâce à une administration prudente, sage et intelligente. Les éléments de ces deux établissements industriels importants étaient pris dans le pays même. Les sables et les argiles étaient extraits dans le voisinage de Spoy et de Vendeuvre, et les bois qu'ils consommaient étaient à proximité de ces usines.

J'ai, au commencement de cette rapide étude, rappelé le nom de la sœur de M. de Vendeuvre, le nom de Mme la comtesse du Manoir. Je la nommerai encore ici, en parlant du développement industriel de la contrée. En 1836, aidée de son plus jeune fils et de MM. Delassaussois et Debrienne, elle créa une fonderie de fonte exploitant les mines d'excellente qualité de la contrée, et que des exploitations du moyen-âge n'avaient pas épuisées. Mais peu après la création de ce bel établissement, Mme du Manoir en demeura l'unique propriétaire et M. Roger du Manoir l'exploita. Celui-ci développa l'importance de cette industrie et convertit en fonderie et en laminoirs ses moulins de la Villeneuve.

Par des événements successifs et surtout par suite des désastreux effets de la législation, ces établissements se sont refroidis depuis plusieurs années. Les traités de 1860 sont les causes principales de l'abandon de ces usines. Ces traités ont fait un désert d'une contrée où régnait la plus grande activité. Espérons que des lois plus protectrices de l'industrie nationale rendront bientôt la vie à ces établissements (1).

Vous le voyez, Messieurs, la famille de Vendeuvre est de son époque. Elle comprend les besoins et les ressources de la contrée. Elle s'efforce de satisfaire aux uns, elle sait utiliser les autres, et elle a travaillé avec succès à faire de Vendeuvre un centre industriel important. A l'époque de la fondation des établissements dont je viens de parler, celui qui créait les causes du travail était considéré, à juste titre, comme un bienfaiteur.

VI.

Au château de Vendeuvre, ont toujours été accueillis, avec la cordialité, avec l'aménité la plus parfaite, les hommes qui ont su, par eux-mêmes et par le travail, ac-

---

(1) Depuis quelques mois, les établissements métallurgiques de Vendeuvre et de la Villeneuve ont repris leurs travaux (décembre 1872).

quérir une position sociale supérieure à celle que leur naissance paraissait leur réserver. Ceux-là sont toujours les bien venus qui savent par leur esprit, par leur intelligence, par leur instruction, par leurs talents, atteindre aux classes depuis longtemps favorisées de la fortune et de l'éducation la plus parfaite. Ceux qui ont besoin d'appuis, d'encouragements les ont toujours trouvés dans cette hospitalière maison.

Je n'ai pas besoin ici de nommer ceux qui ont toujours trouvé ce cordial accueil. Ils sont nombreux. Je me borne à indiquer ceux qui ont acquis une grande célébrité par leurs talents, par leur génie.

Il est surtout deux artistes, nos compatriotes, Simart et Maison, qui ont été encouragés par MM. de Vendeuvre.

Le premier a été soutenu pendant ses premières années de travail, pendant ces années, souvent si longues et si pénibles à passer, même pour des hommes convaincus, par M. Marcotte, receveur général de l'Aube.

Depuis son retour de Rome, Simart est resté, jusqu'à sa fin si prématurée, l'ami du père et du fils. Vous savez l'admiration de M. Gabriel de Vendeuvre pour l'œuvre magistrale du sculpteur troyen. Vous savez ce qu'il a fait pour le faire vivre à toujours parmi les artistes, pour perpétuer sa mémoire parmi nous et dans sa ville natale. Vous rappeler ce souvenir suffit dans la circonstance, puisqu'il est conservé dans nos Actes par la biographie que M. G. Eyriès a dressée de notre illustre compatriote (1).

Le second, M. Maison, est aussi arrivé avec l'aide de MM. de Vendeuvre. Ami de l'artiste, le fils était non moins admirateur de ses œuvres, qu'il l'était de celles du si regrettable Simart. Les peintures de l'un, les sculptures de

---

(1) Cette biographie forme un volume, publié à la librairie académique de Didier, à Paris.

l'autre décorent le château de Vendeuvre et, à Paris, l'hôtel de M. de Vendeuvre.

Mais il est un homme de bien, peu connu de nous, et dont je citerai le nom, je veux parler de M. Lefranc, décédé, il y a deux ans, à Dolancourt, dans la gracieuse retraite qu'il avait édifiée sur les bords du joli ruisseau du Landion, près de sa réunion avec la rivière d'Aube.

M. Lefranc, né à Dolancourt, montra fort jeune de rares dispositions pour le dessin et les arts qui s'y rattachent. MM. de Vendeuvre, père et grand-père, lui facilitèrent ses études et il fut, en 1811, l'un des lauréats de notre école de dessin. Il travailla avec courage, avec goût et assiduité. Jeune encore, il fut attaché, en qualité d'architecte, à la maison du duc d'Orléans et particulièrement au service de M\ :sup\ Adélaïde, sœur du roi Louis-Philippe. Depuis 1848, il conserva ces fonctions, fit plusieurs voyages en Angleterre, pour visiter les membres de la famille, à laquelle il devait sa situation et qui lui conservèrent leur entière confiance jusqu'à ses derniers jours.

A un double titre, je devais vous dire un mot de M. Lefranc. Patronné par MM. de Vendeuvre, il fut l'un des élèves de notre école de dessin qui acquit le plus de réputation et dont elle doit s'honorer à juste titre.

Je termine, Messieurs, en rappelant que M. de Vendeuvre fut le dévoué protecteur de l'école primaire de Vendeuvre, où, par son influence, fut introduite la méthode de l'enseignement mutuel. Il la patronna pendant de longues années, encourageant enfants et instituteur. Des distributions de prix s'y faisaient chaque année, sous sa présidence. La jeune génération de cette époque qui, aujourd'hui, a atteint l'âge mûr, se souvient, avec plaisir et reconnaissance, et de ses visites à l'école et de ses livres de prix.

VII.

M. de Vendeuvre est mort à Troyes, où, par suite de l'invasion, il était venu habiter depuis quelques semaines, espérant trouver dans notre ville plus de calme et de tranquillité. Sa santé se soutint bonne jusqu'aux derniers jours; son esprit fut toujours net et de la plus grande vivacité. Mais l'âge ne pardonne pas. Après quelques jours de souffrances, il mourut en bon chrétien, assisté de son fils et de madame de Vendeuvre, sa belle-fille. Madame Paul Bourlon, sa fille, était éloignée de lui pour cause de maladie, et ses petits-enfants étaient alors dispersés sur différents points de l'Europe.

Après un service célébré en l'église de Sainte-Madeleine, en présence de quelques amis, le corps fut provisoirement déposé au cimetière de la Madeleine, dans un caveau particulier.

Le 21 juin 1871, en présence de toute sa famille qui réunissait ses enfants, ses petits et arrière-petits-enfants, en présence d'anciens amis et d'une assistance nombreuse, venue des différentes parties du département, le corps de M. de Vendeuvre fut déposé à Vendeuvre dans un caveau, ouvert dans une chapelle sépulcrale, où reposent : 1° Mme Alexandrine Dassy, décédée en juin 1852, baronne de Vendeuvre; 2° M. Paul Bourlon d'Haironville, gendre de M. le baron de Vendeuvre, pair de France, décédé le 1er septembre 1860, au château de Vendeuvre.

Dans cette chapelle, sur des plaques de marbre noir, sont gravées des inscriptions rappelant les noms de plusieurs membres de la famille, dont les corps reposent dans le cimetière, au chevet de l'église.

Ces membres de sa famille sont :

1° M. Guillaume Pavée de Vendeuvre, seigneur de Provenchères et de Chaiseau ;

2° Mme Langlois, mère de Mme Pavée de Vendeuvre, dont le mari fut baron de l'Empire ;

3° M. Jean-Baptiste-Gabriel Pavée, baron de Vendeuvre ;

4° Mme Elisabeth Langlois, baronne de Vendeuvre, femme du précédent ;

5° M. Jean-Louis Le Chanoine, comte du Manoir, marié à Mlle Pétronille Pavée de Vendeuvre, fille de M. de Provenchères ;

6° Mme Marie-Félicité Pavée de Vendeuvre, décédée veuve de M. Félix Le Chanoine, comte du Manoir de Juaye, tué à Vaterloo, lieutenant-colonel du 1er régiment de lanciers de la garde.

VIII.

M. le baron de Vendeuvre vécut à une époque agitée. Il vit, bien jeune, les événements de la fin du siècle dernier. Il atteignit l'âge des occupations sérieuses vers la fin du premier empire, fit son instruction administrative sous ce régime et la Restauration. Pendant environ trente ans, il s'occupa de politique. Il faisait partie de cet illustre groupe qui personnifiait l'opposition sous la Restauration, en jetant un éclat aussi brillant que solide dans nos discussions parlementaires.

Une réflexion pour terminer.

M. de Vendeuvre appartient à une époque de renaissance qui a de nombreux points de similitude avec la première moitié du xvie siècle. La politique, la littérature, les arts comptent les plus grands hommes du siècle. Il en était de même pendant la première moitié du xvi⁰ siècle, tandis que la seconde fut remplie d'événements où les partis, sans se préoccuper de la nation, se disputèrent le pouvoir avec un acharnement qui fit, par toute la France, répandre des flots de sang.

Espérons, Messieurs, que la France sera assez sage pour que, administrée par des hommes loyaux, honnêtes, prudents et mus par un sentiment patriotique, elle ne soit pas le témoin d'événements de la nature de ceux qui troublèrent si profondément les règnes de Charles IX et de Henri III, et que notre génération, en disparaissant, n'emportera avec elle que le souvenir des brillantes années de la jeunesse de la plupart d'entre nous, l'oubli de nos récents et derniers malheurs, la consolation de les voir réparés et l'espérance, pour la France, d'un avenir de paix, de travail et de grandeur.

Troyes, le 20 octobre 1871.

Extrait des Mémoires de la Société Académique de l'Aube

Tome XXXV. — 1871.

175